X

27641

LECTURES

CHOISIES.

C.

LECTURES

CHOISIES

Dit Nicolas Truchot,

OU LE PREMIER LIVRE

DES ÉCOLES PRIMAIRES,

FAISANT SUITE A TOUTES LES MÉTHODES,

Augmentées de nouvelles Lectures latines, pour exercer les enfants à la lecture du latin, conformément au nouveau programme adopté par le Conseil académique.

> Je fais des vœux, mes amis,
> pour que vous soyez sages et
> heureux, puissent-ils être exaucés

7e Édition

REVUE ET AUGMENTÉE.

CHALON-S. S.,

BOYER, LIBRAIRE-ÉDITEUR,

Rue du Port-Villiers.

1860.

PROPRIÉTÉ DE L'ÉDITEUR.

Chalon-s.-Saône, imp. MONTALAN.

SCIENCE

DU

BONHOMME RICHARD.

L'oisiveté ressemble à la rouille, elle use beaucoup plus que le travail : la clef dont on se sert est toujours claire.

Si vous aimez la vie, ne prodiguez pas le temps, car c'est l'étoffe dont la vie est faite.

1

Le renard qui dort ne prend pas de poules.

Le temps perdu ne se retrouve jamais.

La paresse rend tout difficile, le travail rend tout aisé.

Celui qui se lève tard s'agite tout le jour, et commence à peine ses travaux qu'il est déjà nuit.

La paresse va si lentement que la pauvreté l'atteint bientôt.

Poussez vos affaires, et que ce ne soient pas elles qui vous poussent.

Se coucher de bonne heure et se lever matin procure santé, fortune et sagesse.

Celui qui vit d'espérances court risque de mourir de faim : il n'y a pas de profit sans peine.

Un métier vaut un fonds de terre : une profession est un emploi qui réunit honneur et profit.

La faim regarde à la porte de l'homme laborieux, mais elle n'ose pas y entrer.

Le travail paie les dettes ; le désespoir les augmente.

L'activité est la mère de la prospérité, et Dieu ne refuse rien au travail.

Labourez pendant que le paresseux dort, vous aurez du blé à vendre et à garder.

Ne remettez jamais à demain ce que vous pouvez faire aujourd'hui.

Levez-vous dès le point du jour : que le soleil, en regardant la terre, ne puisse pas dire : voilà un lâche qui sommeille !

Un chat en mitaines ne prend pas de souris.

L'eau qui tombe constamment goutte à goutte finit par creuser la pierre : de petits coups répétés abattent de grands chênes.

Employez bien votre temps si vous voulez mériter le repos, et ne perdez pas une heure puisque vous n'êtes pas sûr d'une minute.

La fileuse vigilante ne

manque jamais de che-
mise.

Je n'ai jamais vu un
arbre qu'on change sou-
vent de place, ni une fa-
mille qui déménage sou-
vent, prospérer autant
que d'autres qui sont
stables.

Gardez votre bouti-
que, et votre boutique
vous gardera.

Si vous voulez faire
votre affaire, allez-y

vous-même, si vous voulez qu'elle ne soit pas faite, envoyez-y.

Pour prospérer, conduis toi-même ta charrue.

L'œil du maître fait plus d'ouvrage que ses deux mains.

Le défaut de soins fait plus de tort que le défaut de savoir.

Le savoir est pour le studieux ; les richesses

pour l'homme vigilant ; la puissance pour la bravoure ; le ciel pour la vertu.

Plus la cuisine est grasse, plus le testament est maigre.

Si vous voulez être riche, n'apprenez pas seulement comment on gagne, sachez aussi comment on ménage.

Il en coûte plus pour entretenir un vice que

pour élever deux enfants.

Un peu répété plusieurs fois fait beaucoup.

Les fous donnent les festins, les sages les mangent.

Si tu achètes ce qui est surperflu pour toi, tu ne tarderas pas à vendre ce qui t'est nécessaire.

Les sages s'instruisent par les malheurs d'autrui; les fous deviennent rarement plus sages par leur propre malheur.

Les enfants et les fous s'imaginent que vingt ans et vingt francs ne peuvent pas finir.

L'orgueil de la parure est une vraie malédiction.

L'orgueil est un mendiant qui crie aussi haut que le besoin, et qui est bien plus insatiable.

Il est plus aisé de réprimer la première fantaisie que de satisfaire toutes celles qui surviennent ensuite.

L'orgueil déjeune avec l'abondance, dîne avec la pauvreté et soupe avec la honte.

Celui qui va faire un emprunt va chercher une mortification.

Le second vice est de mentir, le premier est de s'endetter.

Le carême est bien court pour ceux qui doivent payer à Pâques.

Il est plus aisé de bâtir deux cheminées que d'en tenir une chaude.

Allez plutôt vous coucher sans souper que de vous lever avec des dettes.

L'expérience tient une école où les leçons coûtent cher, mais c'est la seule où les insensés puissent s'instruire.

Si vous ne voulez pas écouter la raison, elle ne manquera pas de se faire sentir.

Travail, bonne condui- te et *économie :* telle est, en résumé, la belle devise du bonhomme RICHARD.

INSTRUCTIONS MORALES.

L'hypocrite qui cherche à se montrer ou à paraître ce qu'il n'est pas, cache un mauvais cœur sous les dehors d'une piété feinte : c'est un démon sous la forme d'un ange.

On est entêté, désobéissant, par paresse ou par orgueil. L'orgueil nous rend suffisants, indépendants, volontaires, arrogants; et tous ces vices rendent l'homme malheureux. Que dirait-on d'un aveugle qui refuserait un guide pour diriger ses pas? Sa marche incertaine au milieu des ténèbres ne tarderait pas à l'égarer, et bientôt une lourde chute attesterait hautement son imprudence et sa folie. Telle serait, et plus répréhensible encore, l'orgueilleuse suffisance d'un jeune étourdi, sans expérience et sans savoir, qui, rejetant les conseils de la sagesse et de la prudence des autres, n'en voudrait recevoir que de lui-même.

L'instruction vaut mieux que les richesses, car elle procure les moyens d'en acquérir, tandis que l'ignorance traine à sa suite et l'indigence et le mépris.

Il est donc dans vos intérêts les plus chers, mes enfants, de vous appliquer au travail et à l'étude. C'est la volonté de Dieu que vous y employiez votre temps, et c'est aussi la volonté de vos parents. Vous désobéiriez donc à Dieu et à ceux auxquels vous devez une entière obéissance, si vous négligiez le travail et l'étude, pour vous dissiper et courir les rues; vous vous exposeriez à être toute votre vie un ignorant digne de mépris, et incapable d'exercer les fonctions de l'état auquel on vous destinait.

En classe, donnez le bon exemple à vos condisciples ; faites exactement tout ce qu'on vous ordonnera ; gardez soigneusement le silence et soyez attentifs ; supportez patiemment le froid pendant l'hiver, la chaleur pendant l'été, ainsi que la contrainte où vous tient la durée de la classe. Que vous feriez sagement, si, de temps en temps, pendant votre travail, vous pensiez à Dieu et réclamiez de nouveau son assistance !

La propreté est une vertu que

tout le monde estime, elle est un des meilleurs moyens de conserver la santé, tandis que le vice contraire engendre souvent des maladies dangereuses.

La misère ou l'indigence ne saurait être une excuse de la malpropreté ; car enfin l'eau et l'air sont des choses qui appartiennent à tous. Vos vêtements peuvent être raccommodés mais ne doivent jamais être sales.

Ayez un soin tout particulier, le matin, de vous laver les mains, la figure, le cou, les oreilles, la bouche ; peignez vos cheveux, brossez vos habits, ne paraissez jamais repoussant devant vos semblables.

Le jeu est souvent un écueil où échouent beaucoup de jeunes gens. Ne suivez pas cette violente passion qui porte ordinairement au jeu ceux de votre âge ; mais modérez-la et jouez plutôt pour plaire à Dieu, qui veut bien que vous ayez quelque divertissement.

Dans vos récréations, abstenez-vous des paroles de raillerie qui pourraient blesser l'amour-propre de vos condisciples ; et si quelqu'un vous dit quelque chose qui puisse vous déplaire, dissimulez, et ne prenez pas en mauvaise part ce qui n'a été dit que par jeu ou pour passe-temps.

Montrez en tout temps un si grand amour pour la vérité, qu'on s'en rapporte plus à votre parole qu'au serment des autres. La droiture une fois reconnue et bien établie, se concilie toujours la confiance. Un homme, au contraire, surpris dans le mensonge, nous tient en garde contre ce qu'il dit.

Il y a six choses que Dieu déteste, disent les livres saints ... et surtout les menteurs et les faux témoins. Dieu ne nous a donné la parole que pour communiquer nos idées, et non pour tromper.

On ment quand on parle autrement qu'on ne pense, quand on assure comme vraie une chose qu'on sait être fausse, ou quand on assure comme fausse une chose que l'on sait être vraie.

Le mensonge n'est permis en aucune occasion, quand il ne porterait aucun préjudice, quand même il serait avantageux, parce qu'il est un mal de sa nature, un péché comme le vol, la vengeance et les autres infractions de la loi de Dieu.

Vous savez, mes enfants, ce que c'est que la gourmandise, ce vice bas et dégradant, qui porte à se gorger de viande ou de friandises, à boire avec excès du vin ou d'autres boissons énivrantes, au point quelquefois de perdre la raison. Dans cet état d'avilissement, l'ivrogne est devenu semblable aux animaux stupides ; il ne pense plus, pour ainsi dire, il ne raisonne plus : c'est une brute insensée, indigne de la société des créatures raisonnables ; il faudrait le rélé-

guer parmi les animaux et le
bannir de la compagnie des
hommes. Les magistrats de la
ville de Sparte, dont les habitants étaient les plus sobres de
l'univers, ayant exposé au pu-
blic un esclave plein de vin,
pour inspirer l'horreur de ce vice à la jeunesse, ce peuple voyant cet homme dans l'ivresse,
saisi d'étonnement, s'écria : Hé!
d'où a-t-on fait venir un tel
monstre, qui a la figure d'un
homme, et qui a moins de senti-
ment qu'une bête?

Soyez donc sur vos gardes,
mes enfants, pour qu'un vice

aussi hideux ne pénètre dans votre âme. Dans vos repas, usez
de tempérance, n'y buvez presque jamais de vin pur. Le vin
altère la beauté et abrège les
jours lorsqu'il est porté à l'excès : motif d'en user avec beaucoup de réserve, quand la re-
ligion même n'en défendrait pas
l'abus. Car l'apôtre Saint-Paul
assure que les intempérants
sont les ennemis de Jésus-Christ
et que leur fin sera malheureu-
se et funeste.

Mes petits amis, comme rien
n'arrive, ni dans le ciel ni sur

la terre, sans la permission ou la volonté de Dieu, croyez que c'est un bien grand défaut que de s'irriter, de se mettre en colère, soit qu'on nous contrarie ou qu'on nous blesse par des paroles piquantes. Il est sage de vouloir toujours ce que Dieu veut, puisque, bon gré ou mal gré, sa volonté s'accomplira ; il faut savoir faire de nécessité vertu. Et puis, si nous aimons bien le bon Dieu, nous avons l'assurance qu'il ne permettra rien qui ne serve à notre bonheur : telle est sa promesse ; il n'y manquera jamais.

HISTOIRE

DE

NICOLAS TRUCHOT.

~~c⊗ɔ~~

Il y a bien des métiers que le plus pauvre homme peut entreprendre pour
gagner sa vie et nourrir sa femme et
ses enfants. Quand on est attentif, laborieux et économe, on parvient à se
tirer de misère, et comme on dit ordinairement, à faire son chemin dans le
monde ; c'est ce que prouve l'histoire
de Nicolas Truchot que je vais vous
raconter.

Nicolas Truchot était un vieux défenseur de la patrie, qui avait une jambe de bois ; il etait si pauvre, il y a quelques annés, qu'on le voyait aller de porte en porte demandant l'aumône dans les villages voisins de celui qu'il habitait dans le Nivernais. Maintenant il se repose dans son grand fauteuil ; il est à son aise, et beaucoup de gens, ne sachant pas comment cela lui est venu, débitent à cet égard beaucoup d'absurdités. L'un dit qu'il est sorcier ou franc-maçon, l'autre, qu'il a une poule noire ; quelques-uns, qu'il a fait un pacte avec le diable. Et moi, je réponds que ceux qui inventent ces rêveries sont des imbéciles : car il n'y eut, il n'y a, et il n'y aura jamais de sorcier, ni de poule noire, produisant autre chose que des œufs, et de pacte possible entre l'homme et le diable. Quant au véritable franc-maçon, malgré ses pratiques prétendues secrètes, et que presque tout le monde connaît, c'est un homme instruit, ami de la raison, de la vérité et de la vertu, charitable, bienfaisant, ennemi du vice, et voilà tout.

Pour vous, jeune lecteurs, soyez en garde contre de pareilles inepties, et écoutez quelle fut l'origine bien simple et toute naturelle de la petite fortune de Nicolas Truchot.

Nicolas Truchot avait trois fils, qu'il avait bien élevés, car il leur avait donné de bons conseils, de bons exemples, et avait eu soin de les envoyer à l'école.

Un jour d'été, que Nicolas Truchot partageait entre ses trois fils, le pain du déjeuner, il leur dit:

Mes enfants, vous voilà maintenant assez grands pour gagner vous-mêmes de quoi vous nourrir et entretenir, et il ne faut mendier qu'autant qu'il est absolument impossible de faire autrement: agir différemment, c'est voler le pain de ceux qui sont plus malheureux encore. Toi, Pierre, tu as quatorze ans, et de bons yeux, cherche du travail. Toi, Gabriel, tu as treize ans et de bons bras, applique-les à l'ouvrage. Toi, Georges, tu as onze ans et de bonnes jambes, profites-en et tâche d'utiliser tes courses.

Mais les trois enfants s'écrièrent : que voulez-vous que nous fassions ?

Nicolas Truchot leur répondit :

Je sais bien que nous n'avons ni champ à cultiver, ni bois à abattre, ni troupeau à conduire : mais il y a bien des choses qui se perdent sans que personne ne les utilise, et dont on peut tirer parti avec un peu d'industrie. Je vais vous montrer cela ; et si vous gagnez un peu d'argent, ne dépensez que selon vos besoins et économisez pour l'avenir. Si vous pouvez parvenir au point de vous nourrir et de mettre de côté trois sous par jour, chacun de vous, au bout de l'année, aura amassé *cinquante quatre* francs : dans dix ans cela fera *cinq cent quarante* francs qui lui appartiendront.

Alors Nicolas Truchot se mit en route avec ses trois enfants. On était au printemps : il leur fit ramasser tous les os que l'on jetait comme inutiles, afin de vendre les plus gros à des tourneurs et à des couteliers qui en font toutes sortes d'ouvrages de leur métier ; d'autres furent vendus à des jardiniers pour ficher dans les murs et attacher les espaliers ; d'autres enfin, furent achetés pour brûler et en avoir la cendre, et pour engraisser les terres : il leur fit recueillir tous les morceaux de verre qui sont achetés dans les verreries pour les fondre et les employer avec du verre neuf. Traversaient-ils un herbage où ils apercevaient des morilles et des champignons, ils les ramassaient, les portaient à la ville, ou les laissaient sécher pour les vendre plus cher en hiver ; ils ne dédaignaient pas de réunir, en tas, les fientes d'animaux qu'il rencontraient dans les chemins, et en composaient du fumier qu'ils vendaient aux cultivateurs voisins· L'été, ils allaient dans la forêt, en rapportaient chacun un fagot de bois sec

qu'ils vendaient *vingt-cinq* et *trente*
sous chaque jour en hiver aux pauvres
des environs. Comme ils savaient que
couper le bois vert était un délit, ils
s'abstenaient soigneusement d'y toucher, aussi aucun procès ne vint leur
enlever les profits considérables qu'ils
retiraient de ce travail : souvent
ils rapportaient de la mousse pour
mettre dans les paillasses des plus
petits propriétaires ; des paquets de
fleurs de roses, de tilleuls, de sureau
et autres qui leur était bien payés
par les apothicaires qui s'arrangèrent
avec eux pour leur fournir aussi plusieurs racines dont ils ont besoin
dans leur etat : ils ramassèrent aussi

la laine laissée dans les buissons par les moutons qui s'en étaient approchés de trop près, la bourre ou poil de vache et de bœuf, détaché de leur cuir par le frottement contre les arbres, qu'ils vendaient aux bourreliers et ap issiers, les crins de cheval que les tfermiers leur donnaient pour le prix le plus modique, et souvent pour rien, et qu'ils livraient à des selliers, carrossiers et à des matelassiers, à un prix double et triple de celui d'achat, des cheveux qu'ils vendaient aux perruquiers, quand ils étaient un peu longs; les plumes de coq longues, qu'ils vendaient aux plumassiers ou fabricants de plumets. Tout cela rapportait de l'argent sans demander autre chose que du soin. Ils cherchaient aussi les soies ou poils de porc pour les brossiers, les muscles et les intestins des chevaux jetés à la voirie, qu'ils faisaient sécher et vendaient à des fabricants de cordes à boyaux : la chair même de ces animaux, et d'autres espèces différentes qu'ils vendaient, comme un précieux engrais, aux cultivateurs les plus instruits de la contrée.

Quand on lure donnait des cendres, ils allaient les porter à des savonneries, à des blanchisseuses pour leur lessive. S'ils trouvaient de vieilles savates, ils les échangeaient contre des plats et assiettes de terre, ou les vendaient directement à des fabricants de colle. Tous les chiffons de laine ou de toile qu'ils rencontraient étaient livrés par eux à des fabricants de papiers, tous les fers usés des chevaux et autres ferrailles étaient par eux portés chez les maréchaux-ferrants, qui leur en remettaient la valeur. Enfin, rien n'échappait à leurs recherches, pas même une plume détachée de l'aile d'une oie ou d'un corbeau, et qui pût entrer dans un coussin. De cette manière, leurs petits profits s'augmentaient chaque jour.

Quelquefois ils dénichaient des oiseaux qu'ils vendaient aux enfants des personnes riches. Il leur arrivait souvent de trouver des choses perdues, que l'on appelle *épaves*, telles qu'instruments de labourage, une bourse dans laquelle il y avait de l'argent, des couteaux et autres ustensiles de ménage, mais l'équité, leur conscience, d'accord avec la loi civile leur avaient appris que c'était un vol que d'en faire leur profit sans s'être assurés par la publication prescrite par la loi et par tous les moyens possibles, que ces objets étaient sans maître, et appartenaient dès lors au premier occupant.

Quant vint l'automne, le travail ne manqua pas aux trois enfants ; partout où ils en obtenaient la permission, et ils l'obtenaient facilement, ils recueillirent les fruits sauvages dont on peut faire du vinaigre, du moût, ou autres choses utiles. Le long des chemins, ils cueillaient les nèfles, les petites noix sans endommager les haies ; dans les bois, ils ramassaient les herbages et une grande quantité de glands qu'ils vendaient pour nourrir les porcs et les dindons, des faines ou graines de hêtres, des graines d'ormes, de pins, de bouleaux, d'aulnes, etc., dont ils obtenaient bon prix soit des forestiers, soit des grainetiers et même des cultivateurs. Ils remplissaient des sacs de châtaignes sauvages et les portaient au moulin, où l'on se moquait d'eux croyant qu'ils voulaient manger cette farine amère dont personne ne saurait goûter, mais les fils de Nicolas Truchot les laissaient rire, et vendaient leurs farines de châtaignes à des relieurs, cartonneurs et autres ouvriers qui font usage de colle.

Pendant l'hiver, ils s'occupaient à détruire des animaux nuisibles, tels que le martre, le putois, le renard, le blaireau et le loup, et en vendaient la peau aux bourreliers, pour faire des housses de cheval, et aux passementiers pour faire des fourrures. Ils prenaient des bécasses au filet, tuaient du gibier sauvage qu'ils allaient vendre avec les bécasses aux restaurateurs de la ville la plus voisine.

Ils étaient rarement sans ouvrage, mais lorsque cela leur arrivait, ils s'occupaient à faire des balais, à tresser des paniers d'osiers et de jonc, à faire avec ces joncs ou de la paille, des chaises, des corbeilles, des paillassons et même des chapeaux; le vieux Nicolas Truchot était leur maitre dans ce genre de travail.

En un mot, la maison qu'habitait cette famille industrieuse devint un magasin qui pouvait à peine contenir tous les objets que chaque jour ils y apportaient, comme les petits oiseaux

lorsqu'ils veulent construire leur nid.
Peu à peu ils se firent connaître des
personnes qui leur achetaient, ils ap-
prirent à distinguer la qualité de leurs
marchandises, et devinrent de plus en
plus habiles à les trouver. La probité
la plus scrupuleuse dirigeait toutes
leurs recherches et leurs actions, ce
qui les investit de la confiance de
toutes les personnes qui firent des
marchés avec eux.

J'oubliais de vous dire qu'une hotte
en bois qu'ils portaient sur leur dos et
qui leur servait à ramasser tous les
objets de quelque valeur dont ils pou-
vaient s'emparer, contenait aussi dans
une de ses parties, une pacotille de

verres neufs, de peignes, de lacets et d'autres objets à l'usage des habitants des villages qu'ils traversaient fréquemment, et auxquels ils les vendaient avec un léger profit qui, répété souvent, ne laissait pas que de leur fournir certaine petite somme.

A la fin de l'année, le père Nicolas Truchot compta tous les produits, et reconnut que ses enfants avaient gagné plus de *trois* sous par jour ; car il y avait dans la caisse, leurs dépenses payées, *deux cent trente-cinq* francs et *trois* sous.

Nicolas Truchot porta aussitôt cette somme chez un gros marchand de la ville (car malheureusement il n'y avait pas encore de caisse d'épargne établie dans ce département), et il plaça cet argent à intérêt. Tout cela fit grand plaisir aux enfants qui n'avaient jamais vu tant d'argent à la fois.

L'année suivante, le travail alla mieux encore, Nicolas Truchot ne mendiait plus, il soignait le ménage, allait chez les fripiers, savonniers, grainetiers, etc., pour placer les marchandises amassées par ses enfants. Au bout de quatre ans bien employés ils se virent possesseurs de *douze cents* francs qu'ils ne devaient qu'à leur travail opiniâtre et à leur industrie.

Cependant les trois garçons étaient devenus grands. Le sang les unissait, mais ils étaient quelquefois divisés par l'intérêt, et se disputaient de temps à autre : tantôt l'un était accusé par ses frères de n'avoir pas assez travaillé, tantôt l'autre, d'avoir vendu à trop bon marché, ou le troisième, d'avoir bu une chopine de vin.

Le père Nicolas Truchot, qui ne pouvait supporter les querelles, leur dit : Mes fils, vous voilà élevés, et vous jouissez d'une bonne santé que vous devez à la tempérance et à un exercice régulier. Prenez chacun *deux cents* francs et lancez-vous dans le monde ; avec de l'industrie et de l'économie on y réussit toujours. Le reste de l'argent restera déposé chez

le marchand auquel nous l'avons con-
fié, et en attendant que nous en ayons
besoin, les intérêts seront chaque
année ajoutés au capital.

Alors les trois frères se serrèrent la
main et dirent adieu à leur père.
Pierre se dirigea vers l'est, Gabriel vers
l'ouest, et Georges vers le sud.

Plusieurs années s'étant écoulées
sans que Nicolas Truchot reçut de
leurs nouvelles, il regretta beaucoup
de s'être séparé d'eux ; car il devenait
vieux. Mais en bon père, il ne voulait
pas toucher à l'argent de ses enfants.
Cependant il tomba malade; quelques familles compatissantes et le bon
curé de la paroisse lui envoyaient des

secours. Mais il y avait aussi des gens durs dans le village, qui disaient que la commune avait assez de pauvres, et qui voulaient le renvoyer comme étranger, quoiqu'il y demeurât depuis vingt-quatre ans.

Nicolas Truchot écrivit alors au marchand de la ville. Envoyez-moi, lui disait-il, *six cents* francs de mon capital : je suis vieux et faible, et depuis quatorze ans je n'ai point eu de nouvelles de mes enfants. Ils sont morts sans doute, et je ne tarderai pas à les suivre dans l'éternité.

Je vous envoie ce que vous me demandez, répondit le marchand ; vous êtes riche, car votre capital s'est augmenté peu à peu jusqu'à dépasser *quatre mille cinq cents* francs.

Lorsque l'argent arriva, les paysans ouvrirent de grands yeux, ils firent de nouveau des amitiés à Nicolas Truchot, et ils se disaient : Assurément cet homme est sorcier. Mais Nicolas Truchot, malgré son argent, n'était point joyeux. Il désirait mourir pour aller rejoindre ses enfants qu'il croyait morts. Il était souvent triste et abattu. Je mourrai seul, disait-il, et la main d'un fils chéri ne me fermera pas les yeux. Oh ! que n'ai-je du moins conservé mon petit Georges auprès de moi, il serait l'appui de ma vieillesse et ma consolation.

Cependant Nicolas Truchot ne mourut pas : et par une belle soirée de dimanche, il était assis sous un tilleul avec d'autres paysans, lorsqu'arriva un domestique à cheval, qui s'arrêta devant eux et demanda : N'est-ce point dans ce village que demeure M. Nicolas Truchot ?

Les paysans étonnés répondirent : Sans doute, le voilà lui-même. Et comme ils se regardaient les uns les autres avec étonnement, en cherchant à deviner ce que cela signifiait, voilà que deux beaux carrosses entrèrent dans le village et s'arrêtèrent devant la maison de Nicolas Truchot. Trois jeunes messieurs et deux belles dames en descendirent, tous habillés magnifiquement, et se jetèrent dans les bras du vieux paysan qui ne savait que penser de ce qu'il voyait.

Mon père, est-ce que vous ne me reconnaissez plus, dit le plus âgé? je suis Pierre, votre fils; je suis devenu riche marchand épicier en gros, à Paris, et cette dame est ma femme.

Et le second dit à son tour : Je suis votre fils Gabriel, et voilà ma femme. Moi aussi je me suis enrichi en faisant le commerce du blé à Corbeil.

Alors le troisième ajouta: Mon père, vous voyez devant vous votre Georges; je viens des Indes, où j'ai fait de grandes et bonnes affaires : ayant appris par les journaux le séjour de mes frères à Paris, j'ai été les retrouver. A présent nous venons pour avoir soin de votre vieillesse.

Le pauvre Nicolas Truchot ne se possédait plus de joie. Appuyé sur ses enfants, dont il partageait le bonheur, il les bénit, ainsi que leurs femmes.

C'est à vous que nous devons le bonheur, s'écrièrent ses trois fils. Si vous ne nous aviez appris à ramasser et à utiliser des herbes, des graines, des fruits sauvages, des plumes et des chiffons, nous serions aujourd'hui des mendiants.

Voilà, jeunes lecteurs, ce que peut

l'industrie, aidée de l'amour du travail et de l'économie.

I. — DIEU.

Dieu a créé le ciel et la terre et tout ce que le ciel et la terre renferment.

Il a fait tout ce que nous voyons et ce que nous ne voyons pas, les petites choses et les grandes, l'insecte sous l'herbe et le soleil au haut des cieux.

J'ai vu cet astre s'avancer brillant et majestueux, répandant des torrents de lumière.

J'ai vu dans l'obscurité des nuits le ciel semé d'étoiles aussi nombreuses que les grains de sable sur le bord de la mer.

J'ai entendu mugir les vents et gronder l'orage, et la voix du tonnerre a retenti à mon oreille.

J'ai observé la marche des saisons ; j'ai vu, au printemps, la terre pousser les germes des plantes, puis les plantes grandir à la chaleur de l'été ; puis le grain murir dans l'épi, et le fruit rougir sur l'arbre ; puis, à l'automne, les fruits tomber dans la main de l'homme, et ses granges se remplir pour les longs jours de l'hiver.

Le soleil et sa lumière brillante, la nuit avec ses étoiles, la terre féconde, les épis dans les champs, les arbres avec leurs fruits, tout vient de Dieu, tout existe par Dieu.

O mon Dieu, vous êtes grand et bon dans les œuvres de votre puissance.

« Les montagnes s'élèvent et les plaines s'abaissent dans le lieu que vous leur avez marqué; c'est vous qui faites couler les ruisseaux dans les vallées, qui faites descendre les fleuves des montagnes, qui arrosez la terre par les pluies, et qui faites tomber les gouttes de la rosée.

« C'est vous qui produisez l'herbe pour les animaux, et les plantes pour l'homme, et qui faites naître de la terre le pain qui nourrit et le vin qui désaltère. »

II. — LE SOLEIL.

Enfant, suis-moi ; viens dans les champs et sur la montagne : enfant, lève la tête et contemple la majesté des cieux.

Le soleil a paru à l'orient : il est comme enveloppé de nuages de feu : il s'élève ; il échauffe la terre et la féconde.

Le voilà parcourant son immense carrière, invariable dans sa marche, toujours constant, toujours le même, et le soir il va se cacher au couchant dans les nuages de la nuit.

Mais quand nous ne voyons pas le soleil, sa clarté n'est pas éteinte :

il ne nous éclaire plus, mais il éclaire d'autres pays, d'autres nations, d'autres hommes.

Sa lumière est éternelle; elle ne s'éteint jamais.

O merveille surprenante! œuvre de la toute-puissance! sublime! incompréhensible!

Il y eut des hommes qui, voyant le soleil et sa clarté qui vivifie, et sa chaleur qui féconde, s'écrièrent dans leur ignorance: *Le soleil est Dieu!*

Et ils se prosternèrent et adorèrent le soleil comme l'auteur de toutes choses.... Mais le soleil est l'ouvrage: Dieu est l'ouvrier.

Dieu a dit : Que le soleil soit, et le soleil a été.

Dieu a marqué au soleil la place où il se lève et la place où il se couche : il a compté le temps de sa marche, il en a fixé les heures et les minutes.

Et depuis que le monde a été créé, à travers les siècles écoulés, le soleil a obéi à la loi de Dieu : il s'est borné au temps et à l'espace, il a été exact à l'heure et à la minute.

Enfant, le soleil t'enseigne la grandeur de Dieu.

PRÉCEPTES MORAUX.

I. L'enfant doit aimer Dieu par dessus tout, car ce précepte a été donné à tous les chrétiens.

Le père et la mère ont droit à l'amour de leurs enfants, et les frères doivent s'aimer les uns les autres.

L'hommage le plus pur que l'on puisse rendre à Dieu, c'est d'accomplir ses commandements.

Les enfants doivent donc être pleins de piété envers Dieu, de tendresse pour leurs parents, d'affection à l'égard de toute leur famille.

Il faut qu'ils obéissent à leurs maîtres, qu'ils profitent des leçons qu'ils en reçoivent et qu'ils les regardent comme les instruments que la Providence emploie pour éclairer leur intelligence, former leur cœur à la vertu et leur âme à la piété.

Parmi les maîtres, la première place appartient aux ministres de Jésus-Christ, qui nous enseignent la doctrine chrétienne, nous consolent dans nos souffrances, nous aident à nous corriger de nos défauts, et nous réconcilient avec Dieu, quand nous avons eu le malheur de l'offenser.

II. C'est pour nous que Dieu a créé le ciel, la terre, et tout ce qui s'y trouve.

Dans le ciel, le soleil qui nous éclaire pendant le jour, la lune qui éclaircit les ténèbres de la nuit, sont les

œuvres du créateur de toutes choses,
et les monuments qui nous rappel-
lent sa sollicitude pour nous.

Les étoiles surpassent par leur
multitude les gouttes d'eau de la mer,
les grains de sable répandus sur le
rivage, et les feuilles qui couvrent,
pendant la belle saison, les arbres des
forêts.

Elles ajoutent un merveilleux em-
bellissement à la voûte azurée du
ciel, et sont le cortége de la lune.

A l'aspect d'un si beau spectacle,
bénissons la puissance suprême qui
l'a créé pour nos regards, proster-
nons-nous devant cette bonté sans
borne, cette munificence infinie,

cette inépuisable charité, et disons avec le saint roi David : « Les cieux annoncent la gloire de Dieu. »

III. L'humidité et la chaleur du ciel font germer, naître et grandir les plantes, les arbustes et les arbres, qui décorent et enrichissent nos campagnes.

Les fleurs couvrent nos jardins d'un vêtement dont le parfum charme notre odorat et dont les couleurs réjouissent nos yeux.

Les fruits abondent dans les vergers et servent à notre nourriture.

La vigne couvre les collines de ses feuilles et de ses raisins, dont les grappes placées dans le pressoir donnent une liqueur agréable.

La moisson dresse dans la plaine ses épis couleur d'or, qui broyés par la meule, se changent en farine, dont on se sert pour faire du pain.

Le chanvre et le lin balancent çà et là leurs tiges verdoyantes et fournissent à l'homme le moyen de fabriquer la toile qui contribue à le vêtir.

Non loin de là s'étendent les prairies, dont l'herbe émaillée de fleurs procure aux vaches et aux brebis une nourriture parfumée et se convertit en un lait agréable dont se nourrissent avec plaisir les habitants de la ville et de la campagne.

Ni l'herbe, ni le lin, ni le chanvre, ni la moisson, ni la vigne ne croî- traient si Dieu n'envoyait, du ciel, l'humidité et la chaleur.

Que nos cœurs et nos bouches bé- nissent donc la providence divine, qui nous procure ainsi la nourriture et les vêtements.

IV. L'homme n'est pas le seul qui profite des biens de la terre; les animaux en font aussi usage, et avec raison; car ils rendent tous à l'homme quelque service.

L'âne et le cheval, le chameau et le dromadaire, qui portent nos far- deaux et qui nous épargnent souvent la fatigue des voyages; le mouton, qui nous abandonne sa laine et sa chair ; la brebis, qui nous prodigue sa laine et son lait ; le bœuf, qui nous aide à labourer la campagne, et qui nous alimente de sa chair ; le chien, qui garde notre maison et nous accompagne dans nos courses ; le chat, qui nous délivre des souris, toujours promptes à ronger ; le coq, dont le cri vigilant nous annonce l'heure du travail ; la poule dont les œufs alimentent notre table ; tous ces animaux et bien d'autres encore partagent avec nous les dons que Dieu nous envoie.

Aussi, n'est-il pas un seul de ces animaux qui, chacun dans son langage, ne remercie Dieu de ses bienfaits.

Ne soyons pas plus ingrats que ces êtres dépourvus de raison ; et, puisque Dieu a ajouté à tous les présents qu'il nous a faits celui de l'intelligence, servons-nous en pour l'aimer, le bénir, l'adorer, et lui témoigner notre reconnaissance, par nos paroles et nos actions.

LE BON ÉCOLIER.

Gabriel n'a pas encore huit ans et déjà il comprend à merveille beaucoup de livres très-intéressants.

On dit même qu'il ne fait presque plus de fautes d'orthographe.

Cela ne doit pas vous étonner.

Gabriel est un garçon très-appliqué.

Il récite toujours ses leçons sans se tromper.

Et, ce qui lui donne un avantage très-précieux,

Gabriel n'oublie jamais les leçons qu'il a une fois apprises.

Ses amis prétendent qu'il les revoit quelquefois dans ses moments de loisir;

Mais ne lui en faisons pas un reproche :

Il est à souhaiter que tous les enfants revoient ainsi leurs leçons.

On fait très-bien d'apprendre ; mais on fait encore mieux de ne pas oublier.

Gabriel fait tous ses devoirs avec

une exactitude et un soin que ses maîtres citent avec plaisir.

Et comme il ne cause point et qu'il
ne pense pas au jeu quand il faut travailler, il a toujours du temps de
reste.

N'allez pas croire que Gabriel s'en-
nuie jamais.

Cela n'est pas possible :

Quand il a fini ses devoirs, il prend
un livre et il lit.

Ne pensez pas que Gabriel lise pour
se désennuyer ;

Non, il lit pour s'instruire.

S'il rencontre un mot qu'il ne comprend point, il s'arrête pour en chercher le sens dans son dictionnaire.

Si une phrase l'embarrasse, il en demande l'explication après avoir fait tous les efforts possibles pour la comprendre seul.

Quand on lui explique quelque chose, il écoute très-attentivement.

Aussi comprend-il avec une facilité admirable ;

Il ne perd pas un mot de ce qu'on lui dit.

C'est là un des bons moyens de s'instruire.

En lisant, Gabriel n'oublie jamais de bien regarder comment les mots sont écrits.

Un mot offre-t-il des difficultés d'orthographe et de prononciation ? Gabriel l'écrit sur un petit cahier qu'il a pour cela.

Il relit ce cahier de temps en temps, et chaque fois il y ajoute des notes, dont quelques-unes m'étonnent.

Vous ferez très-bien d'imiter Gabriel en cela comme dans toute sa conduite.

C'est du petit cahier de Gabriel que je tire les mots difficiles que je vous donne à lire.

Mais il faut voir Gabriel en classe.

C'est là que sa conduite est vraiment exemplaire.

Là, comme ailleurs, Gabriel est tout entier à ses devoirs.

On ne le voit jamais causer en classe ni regarder de côté et d'autre.

Il écoute avec un soin extrême tout ce qui se dit.

Il regarde attentivement tout ce que l'on fait au tableau.

Voilà pourquoi Gabriel répond toujours bien aux questions qu'on lui adresse.

S'il arrive qu'il ne comprenne pas ce que dit le professeur,

Il demande poliment une explication nouvelle qui ne lui est jamais refusée.

On a tant de plaisir à seconder les élèves laborieux !

Vous chercheriez vainement une tache ou même une oreille sur les cahiers de Gabriel.

Il conserve cependant tous ses devoirs de l'année.

Vous croyez peut-être que Gabriel est grave, sérieux, qu'il ne rit jamais ?

Eh bien ! pas du tout !

Gabriel est gai à faire plaisir.

En récréation, il joue avec une ardeur pareille à celle qu'il apporte à l'étude.

En jouant il ne se fâche jamais, quoi qu'il arrive.

Voilà pourquoi tous ses camarades l'aiment beaucoup.

SOPHIE.

Sophie était on ne peut plus paresseuse.

A dix ans, elle savait à peine coudre. Sa mère en était désolée.

Elle lui disait souvent :

Si vous m'aimiez, vous chercheriez à me plaire en m'obéissant.

Croirait-on que je ne puis obtenir de vous une seule dent de feston par jour?

Vous ne saurez donc jamais travailler ?

Je vous mettrai bientôt en apprentissage.

Là, on vous forcera à travailler du matin jusqu'au soir.

Sophie était d'ailleurs douce et aimable.

Et, comme elle aimait tendrement sa mère,

Elle prit la résolution de vaincre sa paresse.

Sophie allait à l'école.

Elle savait déjà bien lire, écrire et calculer.

En peu de temps, elle apprit à broder, sans en rien dire à sa maman.

Pour prouver à sa mère qu'elle était réellement changée, elle dit à son institutrice :

Madame, j'ai six francs dans ma bourse ;

Voulez-vous avoir la bonté de m'acheter de la mousseline pour une grande collerette ?

Je désire la broder pour maman, et la lui offrir au jour de l'an.

Nous avons encore plus de deux mois d'ici là.

En m'appliquant, j'aurai fini pour cette époque.

La maîtresse ne refusa pas de seconder une intention si louable.

Elle acheta la mousseline.

Sophie broda la collerette, et elle la fit monter par une habile ouvrière.

La veille du jour de l'an, elle enveloppa son cadeau dans une belle page de son écriture, et elle le posa sur le lit de sa mère pendant qu'elle était endormie.

Le lendemain elle passa chez sa mère pour lui rendre ses devoirs.

Elle y arriva au moment où sa maman ouvrait le panier et disait :

Oh ! la jolie collerette !

Qui m'a fait ce charmant cadeau ?

Sophie se précipita dans ses bras.

Quoi ! mon enfant ce serait toi !

Cette mère, émue, attendrie, couvrait sa fille de baisers.

Ce moment me dédommage de tous mes soins, dit-elle.

Tu n'es donc plus paresseuse !

Aime le travail, remplis tous tes devoirs, et tu y trouveras le bonheur.

Ce jour se passa pour Sophie de la manière la plus agréable.

Sa bonne mère, qui s'était parée de la collerette, disait à tout le monde que c'était l'ouvrage de sa fille.

En récompense de son aimable attention, Sophie reçut une jolie ombrelle qu'elle désirait depuis longtemps.

On assure qu'elle devint par la suite un sujet très distingué.

On ne doit pas s'en étonner.

Sophie aimait sa mère et elle suivait ses conseils.

AUTORITÉ DES PARENTS.

JULES. J'ai fait des réflexions sur l'autorité des parents, et je trouve qu'il y aurait là dessus beaucoup de choses à dire. Si je ne craignais pas de vous fatiguer...

L'AÏEUL. Parle sans gêne, mon ami ! ce n'est pas à moi de trouver trop longs nos discours sur un tel sujet, et, si Louise ou François ne réclame pas...

FRANÇOIS. Tout ce qui s'est dit jusqu'à présent m'a beaucoup intéressé, et je suis très-obligé à notre ami Jules de nous avoir proposé ce passe-temps plutôt que la main chaude.

LOUISE. Chacun dit son petit mot, jusqu'à moi qui ose m'en mêler. Il y a bien, de temps en temps, des choses qui me paraissent plus difficiles à comprendre, mais la conversation est pour tout le monde, et j'y trouve ma bonne part.

JULES. Nous avons reconnu, mon cher grand-papa, qu'il faut un chef dans la famille, comme il en faut un dans toute communauté ; mais la raison de la nécessité et du bon ordre est-elle la seule, quand il s'agit de la famille ?

L'AÏEUL. Je vois que tu as réfléchi sur ce sujet, et je désire t'entendre toi-même.

JULES. Nos parents me semblent avoir d'autres droits pour être obéis ; leur qualité même nous soumet à leur puissance. Dieu leur a *donné* les enfants qu'il leur envoie, tout comme il leur *donne* les fruits qu'il fait naître et mûrir dans notre verger.

LOUISE. (*Elle rit.*) Merci! Nos parents auraient donc le droit de nous manger comme des prunes!.. Tu veux rire, mon petit Jules, ou plutôt c'est moi qui badine, car je sens bien que tu dis là une chose très-raisonnable, et quand ma mère, en me serrant dans ses bras, m'appelle *son petit trésor*, je me garde bien de m'en plaindre, et je me trouve fort heureuse de lui appartenir.

L'AÏEUL. Eh bien, c'est moi qui aurai là-dessus quelque chose à dire. Vous savez que Dieu avait accordé à vos parents un enfant de plus.

LOUISE. Ah! sans doute, une petite Marie, qui avait un an de plus que Jules, et qu'ils ont perdue un an avant ma naissance!

L'AÏEUL. Que dit quelquefois votre pieuse mère, quand elle pense à notre chère Marie?

FRANÇOIS, *à demi-voix* Elle dit. *L'Eternel l'avait donnée, l'Eternel l'a ôtée : le nom de l'Eternel soit béni!*

JULES. Ce sont les paroles de Job. Je comprends, grand-papa; vous voulez nous faire entendre que nous appartenons à Dieu seul, et qu'il ne nous *donne* pas, qu'il nous *prête* à nos parents : mais, puisqu'ils sont dépositaires, ils doivent répondre de ce qu'ils ont reçu ; et comment le pourraient-ils, si nous n'étions pas soumis à leur autorité ?

L'AÏEUL. Ce serait, en effet, la chose impossible. Cependant il me reste encore un doute. Je comprends qu'on remette à quelqu'un, en dépôt, une *chose*, et qu'on autorise le dépositaire à la traiter selon sa volonté ; mais une *personne*, une créature libre et intelligente?..

JULES. Oh! vraiment, grand-papa, il n'est pas difficile de vous répondre ! J'ai vu notre petite Louise, le premier jour de sa vie, et il ne me serait pas venu à l'esprit de l'appeler une *personne*. Elle commence à le devenir maintenant, mais alors elle n'était ni libre ni intelligente, la pauvre petite ! Elle ne savait que pleurer et crier ; elle ne connaissait personne ; elle ne se connaissait pas elle même ; elle n'avait pas la force de se remuer : ce n'était pas autre chose qu'un fardeau, mis sur les bras de nos parents .. et un peu sur les miens.

LOUISE. Je me souviens du temps où tu me portais encore, mon ami Jules! il n'y a pas longtemps de cela.

L'AÏEUL. Je vois, par ce que Jules vient de nous dire, que les parents ont de grandes obligations à remplir en faveur de leurs enfants ; ils doivent les nourrir et les élever

JULES. Et, puisqu'ils ont les obligations, il faut qu'ils aient aussi le pouvoir nécessaire pour s'en acquitter. C'est parce que nous ne pouvons nous passer de leurs secours que nous devons leur obéir.

L'AÏEUL. Ainsi donc l'enfant doit l'obéissance, tant qu'il ne peut se suffire à lui-même ; mais s'il y parvient une fois, cesse-t-il par là d'être soumis à l'autorité paternelle ?

FRANÇOIS. Je sens bien qu'il faut répondre que non, mais dire pourquoi...

L'AÏEUL. Une histoire, s'il vous plaît de l'écouter !

LOUISE. Ah ! volontiers, rien ne me plaît tant !

LE FILS RECONNAISSANT.

L'AÏEUL. Un pauvre tisserand avait trois fils, dont le plus jeune avait dix ans, lorsque Dieu lui en donna un quatrième ; et ce brave homme, qui se trouvait déjà bien chargé de famille, ne vit pas arriver sans inquiétude ce dernier nourrisson. Comme il ne pouvait faire les frais d'un apprentissage pour aucun de ses enfants, il leur apprit lui-même son métier, mais il le leur enseigna bien, n'épargnant pour cela ni soins ni peine. Quand le fils aîné eut l'âge de dix huit ans, il dit à son père : « Me voilà en état de gagner ma vie ; j'aimerais à voir le pays : laissez-moi partir, je vous prie, et donnez-moi votre bénédiction. » Le père fut affligé de cette demande, mais il n'en laissa rien paraître, et le fils aîné partit bien joyeux. Au bout de deux ans, le second fils, croyant être aussi un bon ouvrier, fit la même demande que l'aîné, et se fonda sur la permission déjà donnée, pour obtenir aussi son congé. Le père eut le cœur serré de voir que le second de ses fils le quittât comme le premier, mais il dit : « va mon enfant, et que Dieu t'accompagne ! » Enfin, au bout de deux autres années, le troisième fils dit à son tour : « Je suis aussi bon ouvrier que mes frères quand ils partirent de chez nous ; maintenant nous savons qu'ils gagnent facilement leur vie, et qu'ils ont même déjà quelques épargnes : laissez-moi faire comme eux, mon père, et ne me traitez pas moins favorablement. — Adieu donc ! dit le vieillard, qui ne put cette fois retenir ses larmes ; sois libre, puisque tu n'as plus besoin de moi. »

Quelques années plus tard, le quatrième fils était devenu aussi un grand garçon et un excellent ouvrier. Son père, qui était bien vieux, lui dit un jour : « Mon ami, je n'ai plus rien à t'apprendre ; te voilà passé maître : tu peux me quitter, comme tes aînés; va, sois libre aussi; il est juste que je fasse pour toi comme pour tes frères. — Mais, dit l'enfant, si je fais comme eux, vous allez rester seul, avec ma vieille mère, et vous n'avez rien pour vivre que vos bras affaiblis ! Non, mon père; je ne veux pas être libre à ce prix, et je n'aurai jamais d'autre maître que vous, si vous trouvez votre fils assez bon ouvrier pour l'employer toujours !

LOUISE. Ah ! que j'aime celui-ci !

FRANÇOIS. Le père était bien bon de laisser ainsi partir les autres. Ne lui devaient-ils pas le prix de leur éducation et de leur apprentissage ?

JULES. En effet, nous sommes d'abord attachés à nos parents par notre faiblesse et nos besoins, mais nous le sommes ensuite par la reconnaissance, et j'en conclus que, pendant toute sa vie, un bon fils doit être soumis à son père.

L'AÏEUL. Dieu soit loué, chez nous, aînés et cadets pensent de même ! Tous connaissent leur devoir et se plairont à le remplir. Eh bien, puisque vous êtes des enfants si dociles, je vous ordonne... de m'embrasser, et je vous souhaite une bonne nuit.

Le Bon Pasteur.

Auprès de l'église du village, il y a une maison simple et modeste.

Près de la maison est un petit jardin qu'entoure une haie d'épines, et dans le jardin des fruits et quelques fleurs, et des légumes dans les carrés.

C'est la tranquille habitation du pasteur, c'est le presbytère avec ses croisées peintes en vert, et sa vigne dont le feuillage grimpe et s'élève sur le fronton de la porte.

Vous qui avez quelque chagrin, allez là, vous y trouverez des paroles de paix et des consolations qui viennent du ciel.

Vous qui avez fait une faute et qui vous repentez, allez là, vous y trouverez de bons conseils, et vous apprendrez à vous réconcilier avec Dieu, avec les hommes et avec vous-même.

C'est une vie de dévouement et d'humanité que celle du bon pasteur.

Il songe aux autres et bien peu à lui-même; il est comme le père de la grande famille qui l'entoure.

S'il y a un malheureux, un homme qui pleure, c'est celui-là qu'il préfère et qu'il va visiter; les heureux n'ont pas besoin de lui.

S'il y a un malade, il va s'asseoir près de son lit, il l'encourage dans ses douleurs. Il y a dans sa bouche des paroles qui fortifient et qui font du bien.

Les hommes ne peuvent parler que des espérances de la terre ; mais lui, il parle des espérances du ciel, d'espérances immortelles.

Ah ! c'est un beau et noble ministère ; respectons celui qui le remplit dignement, et qui aime les hommes, et qui leur apprend à s'aimer les uns les autres.

La Vieillesse.

C'est quelque chose de beau et de respectable que la vieillesse.

Voyez cet homme qui a vécu de longues années, dont le front est couvert de rides, dont les cheveux sont blanchis par l'âge.

Il compte soixante - quinze ans, quatre-vingts ans. Il était déjà vieux quand vous êtes venus au monde.

Il vous a vu naître, il a vu naître vos pères.

Il est comme un vieux chêne dans la forêt, au milieu des jeunes arbres et des arbrisseaux.

Jadis il était actif, il était fort, il marchait la tête droite et le front levé.

Ses forces se sont affaiblies par l'âge, mais il a conservé la sagesse et les bons conseils. Allez à lui, il vous parlera du temps passé et de l'expérience acquise dans les longs travaux de la vie.

Allez, un vieillard vertueux, c'est comme un vase ancien qui conserve le goût de la liqueur précieuse qu'il renfermait autrefois.

Et la femme vertueuse qui a vieilli, que je la vénère dans la paix de ses dernières années!

Elle n'a plus les agitations, le trouble du ménage et des enfants.

Ses enfants ont grandi à leur tour, ils sont chefs de famille; mais elle vient quelquefois encore au milieu d'eux, instruisant ses brus et ses filles.

Puis elle se retire paisible dans sa demeure, car Dieu lui a donné, avant le terme de ses jours, un intervalle de repos et de recueillement.

Levez-vous donc, levez vous devant celui qui a vécu de longues années, et honorez les vieillards.

Où sont les vieillards, que la jeunesse soit timide et réservée, et qu'elle se taise pour entendre leurs paroles.

Et qu'elle n'accuse pas les vieillards de faiblesse et de déraison, car la jeunesse est insensée, et la sagesse est dans la bouche des vieillards.

La sagesse est dans la bouche des vieillards comme le miel est dans le tronc d'un vieux arbre.

L'Enfant complaisant.

LOUISE. Vous savez que papa nous avait envoyés, François et moi, au moulin après-midi, pour savoir si notre grain était moulu. En revenant, nous avons devancé la pauvre vieille Marthe, qui s'en retournait chargée d'un petit sac de farine, que le meunier lui avait moulu par charité. François, la voyant toute courbée, et marchant *à trois pieds,* lui a dit en passant: « Madame Marthe, ce sac est bien pesant pour une personne de votre âge ! Gageons que je suis plus fort que vous, tout petit que vous me voyez ! » Et, tout en disant cela, il a pris le sac, il l'a jeté lestement sur son épaule, et n'a voulu le rendre à la pauvre vieille que chez elle. J'aurais bien désiré le porter à mon tour, mais cela passait mes forces ; et François a fait comme cela près d'une lieue, car vous savez que Marthe demeure assez loin du village.

L'AÏEUL. Et pourquoi François voulait-il t'empêcher de parler ?

FRANÇOIS. C'est qu'en faisant un effort, j'ai déchiré ma veste à l'épaule ; et, pour ne pas chagriner notre mère, Louise m'avait promis de la recoudre en cachette.

LA MÈRE. Viens, François ; donne-moi ta veste et un baiser. Je suis trop contente de toi pour te gronder. Tu trouveras ceci réparé en te levant.

L'AÏEUL. Eh bien, mon ami, tu voudrais sans doute avoir souvent des plaisirs comme aujourd'hui.

FRANÇOIS. Tous les jours, grand-papa ! mais ces bonnes occasions sont rares.

L'AÏEUL. Non, mon ami, il n'y a pas un moment dans la vie où tu ne puisses remplir quelque devoir. C'en est toujours un de faire un ouvrage utile. Quelque travail que tu fasses, dans la maison ou dans nos champs, c'est un service que tu rends, non pas à la pauvre Marthe, mais à tes parents, à ta famille. Quand même tu sembles ne travailler que pour toi, tu fais encore, le plus souvent, une bonne œuvre pour les autres, soit parce que tu te prépares ainsi à rendre d'autres services, soit parce qu'en te servant toi-même, tu épargnes une fatigue à tes semblables. Heureux celui qui, par dévouement pour ses frères, sait remplir toute sa vie de travaux utiles ! Cet homme

goûte sans cesse un plaisir aussi doux que celui dont ta complaisance pour la pauvre Marthe
t'a fait jouir aujourd'hui. Vois si la récompense
est égale à la peine !

FRANÇOIS. Ah ! cette peine est un plaisir.
Laissez-moi faire ! Je vais travailler avec tant
de zèle, que je serai l'enfant le plus heureux
du village.

L'AÏEUL. Tu dis plus vrai encore que tu ne
penses, mon cher ami, car, de toute façon, le
travail est une source de bonheur. La Providence, qui nous l'impose comme un devoir, a
voulu qu'il fût aussi pour nous un bienfait.
Les travaux, surtout les plus communs et les
plus nécessaires, sont propres à développer les
forces de l'homme, en sorte que plus il agit ,
plus l'action lui devient facile, et qu'il trouve
bientôt une jouissance très-vive dans le senti-
ment de sa force, de son adresse et de l'usage
qu'il en peut faire.

L'exercice nous rend le repos plus doux.

Point de bon sommeil pour l'oisif, même sur
la couche la plus molle. Mais avec quelle jouissance l'ouvrier laborieux retrouve-t-il chaque
soir son lit de paille !

L'exercice éveille l'appétit, et met à notre
service le meilleur des cuisiniers, c'est-à-dire
l'aiguillon de la faim, qui nous fait trouver

délicieux les plus grossiers aliments. Ces aliments nourrissent beaucoup mieux un corps préparé par le travail à faire une bonne et prompte digestion. Les hommes les plus laborieux sont toujours les plus sains et les plus dispos.

Le travail, même celui du corps, occupe l'esprit et l'intéresse. Il faut penser à ce qu'on fait, tâcher de mieux faire, passer d'une occupation à une autre : cela distrait, et le temps s'écoule si rapidement, qu'on n'a pas le loisir de s'ennuyer. L'oisif, au contraire, ne fait pas autre chose toute la journée. Aussi dit-il sans cesse qu'il cherche *à tuer le temps*. Tuer le temps ! Quelle misère et quelle folie ! C'est tuer la vie même, puisque le temps, comme on l'a dit, est l'étoffe dont la vie est faite. Et remarquez bien que ces hommes, qui se plaignent de la longueur des heures, se lamentent, d'un autre côté, sur la courte durée de notre existence. « Ce n'était pas la peine de naître, » disent-ils souvent. Ah ! sans doute, ce n'était pas la peine de venir au monde pour faire ce qu'ils font ! Mais laissons-les à leur ennui, plus fatigant, plus insupportable que les plus rudes travaux...

LOUISE. Pardon, grand-papa ! Ce que vous dites là me rappelle une fable que j'ai apprise ce matin à l'école ; elle s'y rapporte si bien que je meurs d'envie de vous la réciter.

FRANÇOIS C'est vrai ! j'y pensais aussi.

L'AÏEUL. Récite cette fable, Louise ; j'aime à vous voir faire ces rapprochements entre nos conversations et vos études.

LOUISE. « Les deux Charrues. »

L'AÏEUL. Bon ! voilà des personnes de connaissance !

LOUISE.

« Que mon sort est cruel et que le vôtre est doux !
Disait à sa voisine une vieille Charrue.
A peine fait-il jour que je vais, loin de vous,
  Des champs sillonner l'étendue,
  Là, pour leur supplice et le mien,
  Quatre bœufs me traînent sans cesse.
Je marche en gémissant et mords avec détresse
  La terre dont je n'attends rien.
Vous cependant, oisive, au logis on vous laisse,
Ainsi que mon travail vos loisirs sont sans fin,
Vous voyez sans angoisse approcher le matin
On me foule en esclave, on vous soigne en princesse.
Voyez ! je n'y tiens plus ; tout mon corps est usé :
Encore quelques sillons, mon fer sera brisé.
  — Pouvez-vous, dit l'autre Charrue,
  De mon sort, vanter la douceur ?
Bien mieux que le travail l'oisiveté nous tue.
  Je souffre plus que vous, ma sœur,
  Je ne peux vous voir sans envie
  Aller aux champs dès le matin ;
  L'ennui ronge en ce lieu ma vie :
  Est-il un poison plus certain ?
Mes membres vermoulus ne sont plus que poussière ;

Mon soc de rouille est dévoré :
Le temps, d'un coup prématuré,
Me fera tomber la première.
Allez, retournez au labour,
Du destin gardez-vous de vous plaindre :
Vous n'avez qu'une chose à craindre,
C'est d'être oisive à votre tour. »

L'AÏEUL. Cette pauvre charrue avait bien raison, et je trouve plus de sagesse dans ses regrets que dans les plaintes de la charrue occupée. Non seulement l'oisiveté peut nuire à la santé du corps, mais elle peut nuire encore à la santé de l'âme ; l'oisiveté affaiblit l'intelligence, elle amollit le caractère, tandis que le travail, même le plus commun, développe l'esprit et donne de l'énergie L'homme laborieux est attentif, il prévoit, il se souvient, il réfléchit : c'est là proprement vivre, comme il convient à des créatures intelligentes. En cessant d'agir, nous descendrions peu à peu au rang des plus grossiers animaux ; nous mènerions une vie languissante ; nous deviendrions indifférents aux œuvres magnifiques de la création et à celles des arts, comme ces insectes mous et rampants, qui se traînent lentement sur les fleurs les plus belles, sans les voir ni les sentir.

LOUISE. Ah ! mon choix est fait ! Je ne serai jamais limaçon ; j'aime bien mieux être abeille !

L'AÏEUL. Et, en composant ton miel, tu auras par dessus les abeilles de la ruche l'avantage de connaître celui qui forme les fleurs et toutes les belles choses de ce monde ; le travail, qui affermira ta raison, te rapprochera de Dieu que te l'a donnée ; plus intelligente, tu comprendras mieux ses ouvrages, tu sentiras mieux sa puissance, tu sauras mieux le bénir. Ainsi le travail conduit à la prière, et la prière à son tour nous anime au travail. Consacrez votre vie à ces deux grands devoirs ; travaillez et priez, et vous connaîtrez le bonheur.

Conduite pour le Travail.

DU TRAVAIL.

Apprenez dès votre jeune âge à travailler de bon cœur, et ne demeurez jamais oisif, parce que l'oisiveté est la mère de tous les vices, et qu'elle conduit à tous les maux imaginables. Appliquez-vous avec soin à l'étude qui vous est désignée. C'est comme voler l'argent que dépensent vos parents pour votre instruction, si vous négligez d'en profiter.

AVANT LE TRAVAIL.

Travaillez pour l'amour de Dieu, qui vous le commande, et comme Adam, dans un esprit de pénitence, plutôt pour satisfaire à Dieu pour vos péchés, que par contrainte, et pour gagner beaucoup d'argent, ou par vanité. Au commencement de votre travail, faites le signe de la croix et cette petite prière :

Mon Dieu, je crois que vous me voyez ; je vous adore et vous aime de tout mon cœur ; je vous offre ce que je vais faire, donnez-y votre sainte bénédiction ; faites-moi la grâce de le bien faire, et de plutôt mourir que de vous offenser.

Vous répéterez la même prière quand l'horloge sonnera, et en quittant votre travail

PENDANT LE TRAVAIL

Faites bien et avec diligence votre ouvrage, quand même votre père et votre mère ne seraient pas présents, parce que Dieu vous voit, et votre bon ange marque le travail que vous faites comme il faut, pour le présenter, à l'heure de votre mort, à Dieu qui récompense jusqu'à la moindre action que vous aurez faite dans son amour. Au contraire, le démon marque toutes les fautes que vous y faites par paresse et par négligence, pour les représenter à votre souverain juge, qui vous en punira pour lors sans aucune miséricorde, jusqu'aux moindres et de celles là même dont vous ne faites aucun compte à présent. Ne vous impatientez point quand votre ouvrage ne réussit pas à votre gré. Chantez quelques chansons dévotes, ou entretenez-vous de quelques saintes pensées ou de quelques bons discours. Souffrez avec patience les corrections et les rebuts qui pourraient vous arriver de la part de vos parents et de vos maîtres. Ne frelatez et ne fardez point votre ouvrage, mais travaillez fidèlement : vendez sans tromper dans la marchandise ; ne la survendez point ; ne jurez ni ne mentez dans votre commerce ; que si vous voyez que vos parents soient tombés dans quelqu'une de ces fautes, remontrez leur avec respect que les tromperies attireront des malédictions sur leur maison, et dans la suite des pertes considérables, et qu'ils seront obligés à restitution.

APRÈS LE TRAVAIL.

Faites le signe de la croix et la prière ci-dessus ; pliez, rangez et tenez propre votre ouvrage. Ne le quittez point par dégoût ou ennui. Réglez, s'il se peut, le temps de ce travail, et vous y rendez fidèle tant que faire se peut.

Conduite pour le Repas

DU MANGER.

Aimez, mon cher enfant, la sobriété qui vous rendra semblable aux anges, aimable à Jésus et à Marie, et vous attirera la bienveillance de tout le monde, qui estime et honore infiniment un enfant qui n'est point sujet à sa bouche, et surtout au vin. L'ivrognerie est un vice qui ne se trouve point dans les enfants sages ; elle rend celui qui lui est sujet, brutal et haïssable à tout le monde. Quand on en a pris l'habitude dès sa jeunesse, il est presque impossible de s'en corriger dans la suite. Evitez donc l'intempérance dans le boire et le manger en prenant vos repas. Adam et Eve ont perdu le genre humain en mangeant un morceau de pomme. Ésaü vendit son droit d'aînesse à son frère Jacob, pour un plat de lentilles. Balthasar reçut l'arrêt de sa condamnation dans un banquet. Hérode y fit mourir St-Jean Amon y fut tué par son frère Absalon. Sodome et Gomorrhe tombèrent aussi dans les crimes les plus honteux, par la gourmandise et l'oisiveté. Le peuple de Dieu fut frappé de mort pour avoir mangé des viandes par gourmandise dans le désert, et ayant encore dans la bouche et dans le gosier les cailles que Dieu fit pleuvoir sur le camp. Et enfin, l'Histoire Sainte est remplie des désordres et des malheurs qu'ont causés la bonne chère et le vin : c'est pourquoi servez-vous des avis suivants :

AVIS IMPORTANT

Ne mangez, ni ne buvez sans nécessité hors les heures de vos repas, ni hors de chez vous. Les gens de probité tiennent à déshonneur de hanter les cabarets : ne mangez ni ne buvez non plus en cachette, à l'insu de vos parents ou de vos maitres, par friandise ou par appétit déréglé ; ne participez pas non plus aux vols de vos compagnons, en mangeant avec eux des choses dérobées.

AVANT LE REPAS

L'heure du repas étant venue, allez à la table plutôt par nécessité que par gourmandise ; ne manquez pas à dire le *Benedicite*, si vous ne voulez manger comme les pourceaux. Pratiquez au surplus ce qui est dit dans la conduite de la bienséance.

PENDANT LE REPAS

Soyez sobre, modeste et retenu dans votre repas. Un enfant chrétien s'étudie à imiter la modestie de Jésus-Christ dans ses repas :

tenez-vous dans une sainte modestie, qui n'ôte pourtant rien de la joie sainte et de l'amitié que vous devez témoigner à votre prochain ; ne dites pas des choses peu honnêtes ; ne chantez ni ne faites rien d'indécent ; n'excitez point à boire ; mangez sans vous plaindre ce qu'on vous présente. Observez aussi en mangeant de ne jamais remarquer si l'on donne aux autres quelque chose de meilleur ou de plus qu'à vous. Ayez dans votre esprit quelques bonnes pensées et dans votre bouche quelque honnête entretien.

APRÈS LE REPAS.

Rendez grâces à Dieu debout, les mains jointes, et ensuite à ceux qui vous ont donné à manger ; saluez la compagnie, et si vous n'avez pas dit l'*Angelus*, vous le direz, comme il est marqué ci-après. Ne vous entretenez point, après le repas, de la bonne chère et du bon vin. Faites ce qui est dit dans l'article suivant, touchant les divertissements.

PENDANT LA RÉCRÉATION.

Prenez bien garde de ne tomber dans aucun péché, surtout de malice, de raillerie, de médisance, de colère, d'impureté, de gourmandise, d'ivrognerie, d'impudence, de libertinage

Pensez que Dieu est présent, et qu'il vous voit ; que le diable écrit et compte jusqu'à vos moindres paroles, actions inutiles et indécentes. Il n'y a que les impies qui se réjouissent quand on fait quelque mal.

APRÈS LA RÉCRÉATION.

Quittez volontiers le jeu et le divertissement, ne vous y occupez que le moins que vous pourrez. Pensez aux fautes que vous avez commises pendant votre récréation ; demandez-en pardon à Dieu par une courte prière Prenez courage pour travailler mieux que jamais pour la plus grande gloire de Dieu, pour gagner un jour le paradis. Ainsi soit-il

LECTURES LATINES.

—

L'ORAISON DOMINICALE.

Pater noster, qui es in cœlis, sancti-
ficetur nomen tuum;adveniat regnum
tuum; fiat voluntas tua, sicut in cœlo
et in terrâ ; panem nostrum quotidia-
num da nobis hodie ; et dimitte nobis
debita nostra, sicut et nos dimittimus
debitoribus nostris ; et ne nos inducas
in tentationem,sed libera nos à malo.
Amen.

LA SALUTATION ANGÉLIQUE.

Ave, Maria, gratiâ plena, Dominus
tecum, benedicta tu in mulieribus,et
benedictus fructus ventris tui Jesus.
Sancta Maria, Mater Dei, ora pro no-

bis peccatoribus, nunc et in horâ mortis nostræ. Amen.

LE SYMBOLE DES APÔTRES.

Credo in Deum, Patrem omnipotentem, Creatorem cœli et terræ ; et in Jesum Christum, Filium ejus unicum, Dominum nostrum, qui conceptus est de Spiritu sancto; natus ex Mariâ Virgine, passus sub Pontio Pilato, crucifixus, mortuus et sepultus; descendit ad inferos, tertiâ die resurrexità mortuis ; ascendit ad cœlos, sedet ad dexteram Dei Patris omnipotentis, inde venturus est judicare vivos et mortuos.

Credo in Spiritum Sanctum, sanctam Ecclesiam catholicam, Sanctorum communionem, remissionem peccatorum, carnis resurrectionem, vitam æternam. Amen.

LA CONFESSION.

Confiteor Deo omnipotenti, beatæ Mariæ semper virgini, beato Michaeli archangelo, beato Joanni Baptistæ, sanctis apostolis Petro et Paulo, et omnibus Sancti, quia peccavi nimis cogitatione, verbo et opere : meâ culpâ, meâ culpâ, meâ maximâ culpâ : Ideò precor beatam Mariam semper virginem, beatum Micaelem archangelum, beatum Joannem Baptistam, sanctos apostolos Petrum et Paulum, et omnes sanctos orare pro me ad Dominum Deum nostrum.

Misereatur nostri omnipotens Deus, et dimissis peccatis nostris, perducat nos ad vitam æternam. Amen.

Indulgentiam, absolutionem et remissionem peccatorum nostrorum tribuat nobis omnipotens et misericors Dominus. Amen.

ANGELUS.

Angelus Domini nuntiavit Mariæ, et concepit de Spiritu Sancto.

Ave Maria, etc.

Ecce ancilla Domini, fiat mihi secundum verbum tuum. Ave Maria, etc.

Et Verbum caro factum est, et habitavit in nobis. Ave Maria, etc

℣ Ora pro nobis, sancta Dei Genitrix.

℟ Ut digni efficiamur promissionibus Christi.

OREMUS.

Gratiam tuam, quæsumus, Domine mentibus nostris infunde; ut qui, Angelo nuntiante, Christi filii tui incarnationem cognovimus, per passionem ejus et crucem ad ressurectionis gloriam perdicamur ; per eumdem Christum Dominum nostrum. ℞. Amen.

CANTIQUE DE LA VIERGE.

Magnificat anima mea Dominum.

Et exultavit spiritus meus, in Deo salutari meo :

Quia respexit humilitatem ancillæ suæ ; ecce enim ex hoc beatam me dicent omnes generationes.

Quia fecit mihi magna qui potens est ; et sanctum nomen ejus.

Et misericordia ejus à progenie in progenies, timentibus eum.

Fecit potentiam in brachio suo ; dispersit superbos mente cordis sui.

Deposuit potentes de sede, et exaltavit humiles.

Esurientes implevit bonis, et divites dimisit inanes.

Suscepit Israel puerum suum, recordatus misericordiæ suæ.

Sicut locutus est ad patres nostros. Abraham et semini ejus in secula.

CANTIQUE DE S. SIMÉON.

Nunc dimittis servum tuum, Domine, secundum verbum tuum in pace.

Quia viderunt oculi mei salutare tuum.

Quod parasti, ante faciem omnium populorum.

Lumen ad revelationem gentium, et gloriam plebis tuæ Israel.

FIN.

www.ingramcontent.com/pod-product-compliance
Lightning Source LLC
Chambersburg PA
CBHW052130090426

42741CB00009B/2021